BEI GRIN MACHT SICH IHR WISSEN BEZAHLT

- Wir veröffentlichen Ihre Hausarbeit,
  Bachelor- und Masterarbeit

- Ihr eigenes eBook und Buch -
  weltweit in allen wichtigen Shops

- Verdienen Sie an jedem Verkauf

Jetzt bei www.GRIN.com hochladen
und kostenlos publizieren

Strategische Unternehmensführung. Strategischer Wandel bei der Gesundheits- und Medizintechnik AG

Kevin Napravnik

Bibliografische Information der Deutschen Nationalbibliothek:

Die Deutsche Nationalbibliothek verzeichnet diese Publikation in der Deutschen Nationalbibliografie; detaillierte bibliografische Daten sind im Internet über http://dnb.d-nb.de abrufbar.

ISBN: 9783346564566
Dieses Buch ist auch als E-Book erhältlich.

Druck und Bindung: Books on Demand GmbH, Norderstedt Germany
Gedruckt auf säurefreiem Papier aus verantwortungsvollen Quellen

Das vorliegende Werk wurde sorgfältig erarbeitet. Dennoch übernehmen Autoren und Verlag für die Richtigkeit von Angaben, Hinweisen, Links und Ratschlägen sowie eventuelle Druckfehler keine Haftung.

Das Buch bei GRIN: https://www.grin.com/document/1160838

Deutsche Hochschule für
Prävention und Gesundheitsmanagement
Hermann-Neuberger-Sportschule 3
66123 Saarbrücken

Hausarbeit

Name, Vorname	Napravnik,Kevin
Studiengang	**Master of Arts Prävention und Gesundheitsmanagement**
Studienmodul	**Strategische Unternehmensführung II**
Datum Präsenzphase (siehe Ergebnisdokumentation)	**06.12.21-08.12.21**
Aufgabe	**Strategischer Wandel bei der Gesundheits- und Medizintechnik AG**

Inhaltsverzeichnis

1. Bodo Müllers Plan

1.1. Gründe für Wandel

Es gab mehrer Gründe, weshalb Bodo Müller einen Wandel in der Gesundheits- und Medizintechnik AG vollziehen wollte.

Bodo Müller hatte trotz der wirtschaftlich guten Lage des Unternehmens das Gefühl, dass sich die Kunden in ihrem Kaufverhalten sowie der deutsche Markt im allgemeinen an einem Wendepunkt stehe und sich verändern, was eine Änderung der Marketingstrategie des Unternehmens zur Folge haben sollte.

Den zweiten Grund für den Wandel sieht Bodo Müller darin, dass Kaufentscheidungen für beispielsweise neue Geräte mittlerweile immer mehr von der administrativen Seite anstatt den damit arbeitenden Ärzten getroffen wird. Damit wird, neben der Qualität der Versorgung, der ökonomische Nutzen immer wichtiger. Diese Entwicklung hat Bodo Müller schon länger beobachtet und analysiert. Belege sind gesammelt worden um einen nachvollziehbaren Wandel sinnvoll erklären zu können.

Den dritten Grund sieht Bodo Müller in den niedrigen staatlichen Finanzierungen für Krankenhäuser. Diese haben zur Folge, dass in den vergangene Jahren Geräte die bereits im Krankenhaus stehen instand gehalten wurden anstatt in neue, moderne, Geräte zu investieren.

1.2. Aspekte des Stategiewandels

Bodo Müller hat verschiedene Punkte, die er in seinem Plan wie folgt umsetzen möchte.

Durch die Veränderung des deutschen Marktes und die Veränderung des Kaufverhaltens der Kunden möchte Bodo Müller die Marketingstrategie des Unternehmens verändern. Das Marketing hat sich bisher nach den Bedürfnissen, der dort arbeitenden Ärzten ausgerichtet. Zukünftig soll sich das Marketing und Verkauf den Bedürfnissen des „C-Levels" (z.B. CEO, CFO,CIO) anpassen und das Geld, was vorher für das Marketing der Ärzte geplant war nicht weiter in diese investieren.

Des weiteren möchte Bodo Müller ganzheitliche Lösungen erarbeiten, die die allgemeine Effizienz in Krankenhäusern verbessert. Dabei darf weder die Qualität, noch der ökonomische Nutzen für das Unternehmen leiden.

Der dritte Aspekt des Planes zum Stategiewandel ist, das Budget anzupassen. Für die neue Marketingstrategie möchte Bodo Müller Marketing-Budget der Vizepräsidenten nehmen und dieses Budget in das Marketing des neuen C-Levels einspeisen.

1.3. Barrieren und Widerstände

Natürlich kann es bei solchen tiefen Veränderungen Unternehmens passieren, dass nicht jede Änderung positiv aufgenommen wird und sich Barrieren auftuen.

Folgende Barrieren und Widerstände könnten dem angestrebten Wandel entgegenstehen:

Barriere/Widerstand 1:

- Bodo Müller muss die Veränderungen emotional und gut begründet darlegen und vorstellen. Sollte sich nur ein Vizepräsident nicht überzeugt fühlen, droht das Projekt zu scheitern.

Barriere/Widerstand 2:

- Da Bodo Müller´s Plan von finanziellen Ressourcen anderer abhängig ist muss dieses Budget natürlich verfügbar sein. Ist es das nicht müssen Budgets der Vizepräsidenten gekürzt werden, was garantiert nicht wohlwollend aufgenommen wird.

Barriere/Widerstand 3:

- Bodo Müller hat in seinem Plan nicht die direkte Geschäftsführung mit einbezogen. Das heißt, er bekommt bei der Umsetzung erst spät oder gar keine Unterstützung von der Geschäftsführung. Diese sollte zuerst über die Pläne informiert werden um gegebenenfalls zusätzliche Überzeugungsarbeit leisten zu können.

<u>Barriere/Widerstand 4:</u>

- Jede Unternehmensstruktur braucht Ziele und Visionen um Projekte im Sinne der Unternehmenskultur umzusetzen. Bodo Schäfers Veränderungen sind sehr Datenbasiert und in keinem Satz ist der Vorteil für die Krankenhäuser oder eine gemeinsame Vision für dieses Projekt genannt. Das kann dazu führen, dass der Community Gedanke nicht aufkommt bzw. später schnell abhanden kommt, da man sich nicht als Team sieht, welches einem großen sinnvollen Ziel entgegen gehen.

2. Change Management

2.1. Gründe für Scheitern

Auch für das Scheitern von Bodo Müller´s vorhaben gibt es Gründe, die am Beispiel der Stufen des 8 Stufen Modell´s nach Kotter in der Reihenfolge aufgeführt werden.

<u>Grund 1</u>

Stufe 2: Das Fehlen einer starken Erneuerungs-/Führungskoalition
Bodo Müller rief trotz der Enttäuschung über das abgelehnte Budget eine Arbeitsgruppe ins Leben, was per se, ein richtiger Schritt war. Allerdings konnte er bereits beim ersten Treffen nicht arrangieren, dass alle Beteiligten vor Ort waren. Nur die Hälfte kam der Einladung nach und die Anwesenden konnten nicht von Herrn Müller überzeugt werden bzw. wohnten dem Treffen augenscheinlich nur ungern bei. Demnach konnte man erahnen, dass das Treffen und das Thema einen geringen Stellenwert bei den Marketing Vizepräsidenten hatte.

<u>Grund 2</u>

Stufe 3: Die Kraft der Vision wurde unterschätzt

Bodo Schäfer hat seine Präsentation mit harten Fakten und nackten Zahlen belegt. Eine klare Marschrichtung wurde ausgegeben. Jedoch überzeugt so etwas niemanden und schreckt gegebenenfalls eher ab als jemanden auf seine Seite zu bringen.

Es wurde in keinem Satz die Unternehmens-Vision genannt bzw. In den Vortrag mit eingebaut, sodass keiner der Anwesenden emotional an das Projekt gebunden wurde. Auch das erstellen einer eigenen Vision für ebendieses wäre von Vorteil gewesen um den Anwesenden den tieferen Sinn hinter dem Vorhaben deutlich zu machen und so die benötigte intrinsische Motivation loszutreten

Grund 3

Stufe 6: Nicht vorhandene schnelle Ziele

Nachdem Bodo Schäfer die Arbeitsgruppen aufgeteilt hatte, war das nächste Treffen drei Monate später. Somit waren keinerlei Zwischentreffen oder ein zusammenfassen der bisherigen Ergebnisse möglich, was die Motivation deutlich nach unten drückt. Kurzfristige Erfolge gab es keine und somit haben die Vizepräsidenten ihren Fokus auf andere Projekte gelegt, die sie für wichtiger erachteten, was sie Bodo Müller auch unmissverständlich mitteilten.

Grund 4

Stufe 7: Zu früh den Sieg erklärt

Nach treffen Nummer eins waren die Reaktionen der Vizepräsidenten durchaus positiv, was Bodo Müller dazu kommen ließ, die Arbeitsgruppen ins Leben zu rufen. Doch aufgrund von mangelnden Ergebnissen in der langen Zeit und der fehlenden Veränderungen war eine Impact auf das Unternehmen mit dem Plan, den Bodo Müller für richtig hielt unmöglich und das Projekt war zum scheitern verurteilt.

2.2. Veränderungen meistern

Wie die angestrebten Veränderungen gemeistert hätten werden können wird im folgenden anhand Kotters weiterentwickelten 8-Beschleuniger Modell beschrieben.

Stufe 1: Ein Gefühl der Dringlichkeit für eine bedeutende Chance wecken

Um eine derartige Veränderung zu initiieren ist es wichtig, Menschen für sich und für sein Projekt zu gewinnen. Dazu ist ein Bewusstsein für die Chance wichtig. Den Mitarbeitern muss zu erst der Sinn hinter dem Vorhaben deutlich gemacht werden. Bodo Müller vor dem ersten Treffen sicher gehen müssen, das ALLE Eingeladenen erscheinen. Seine Ansprache war, wie oben beschrieben sehr zahlenbasiert. Mit einer emotionsgeladenen Präsentation für diese wirklich einmalige Chance hätte Bodo Müller die Mitarbeiter von Anfang an mitreißen und motivieren können und somit bessere Chancen auf Erfolg gehabt. "Zu einem starken Start im Verkaufsgespräch gehört es, Produktivität und positive Emotionen in der Eröffnungsphase zu zeigen" (Wie sich Emotionen im Verkaufsgespräch auswirken, Ilona Pezenka, 2020, S.22)

Des weiteren wäre es für Bodo Müller ratsam gewesen einen prägnanten, starken, aussagekräftigen Satz als sein Leitsatz zur besseren Wahrnehmung der Dringlichkeit zu benutzen und diesen mehrmals im Vortrag zu wiederholen, damit dieser bei den Mitarbeitern auch nach dem Meeting präsent bleibt.

Stufe 2: Aufbau und Pflege einer lenkenden Koalition

Bodo Müller hat die seiner Meinung nach geeignetsten Mitarbeiter für sein Projekt angesprochen. Sinnvoller wäre es gewesen aus jedem Unternehmensbereich , jeder Hierarchiestufe und mit den unterschiedlichsten Kompetenzen zu akquirieren um die Weitsicht auf das Projekt zu erhöhen. Um erfolgversprechend handeln zu können ist es wichtig, dass alle Mitarbeiter die an der Veränderung teilnehmen gleichberechtigt sind und im Bestfall aus besonders herausragenden Führungscharakteren sowie Managern bestehen. Um gut in das Vorhaben zu starten muss Bodo Müller eng an den Mitarbeitern sein und ein gesundes Miteinander pflegen, sodass sich das anfängliche unangenehme Gefühl schnell legt.

Stufe 3: Formulieren einer strategischen Vision und Entwicklung von Chancen-Initiativen

Bodo Müller gab die Ziele selbst vor. Somit konnte sich keiner der Mitarbeiter mit dem Projekt identifizieren und sich emotional daran binden. Wichtig wäre es hier, gemeinsame Ziele und eine gemeinsame Vision zu erarbeiten um die Motivation zu erhöhen und dass sich jedes Teammitglied als ein Teil dieses Projekts fühlt. Diese Vision, als großes übergeordnetes Ziel, gibt die Orientierung, die Richtung vor und hilft bei Entscheidungen ungemein weiter. Zudem stärkt eine gemeinsam entworfene Vision den Zusammenhalt, da nun jeder Teilnehmer des Projektes involviert und emotional an das Vorhaben gebunden ist.

Stufe 4: Kommunikation der Vision und der Strategie, um Unterstützung und Freiwillige zu gewinnen

Ist die Vision entworfen, muss diese natürlich kommuniziert werden um weitere Unterstützung zu bekommen. Menschen, die sich von dieser Vision oder Strategie angesprochen fühlen treten dem Projekt bestenfalls freiwillig bei und helfen bei der Umsetzung. Wichtig ist es dann, diese auch mit in die Entscheidungen einzubinden.denn sobald Mitarbeiter das Gefühl bekommen ihre Ideen oder Anregungen werden nicht an- oder ernstgenommen macht sich Unlust und Langeweile breit, was es hier zu verhindern gilt.

Stufe 5: Beseitigung von Hindernissen, um ein rasches Vorankommen zu ermöglichen

Als Team müssen Probleme und Hindernisse offen direkt und unverzüglich angesprochen werden. Innerhalb der Organisation sollten dann die dafür zuständigen Mitarbeiter zusammengebracht werden um den Konflikt schnell und erfolgsorientiert klären zu können. Nur durch Offenheit einer existierenden Fehlerkultur, die Angst vor Kritik nimmt, kann das Projekt im allgemeinen rasch handeln und das Hindernis aus der Welt schaffen.

Stufe 6: Zelebrieren von schnellen, bedeutenden Erfolgen

Die angesetzten drei Monate von Bodo Müller waren ein zu langer Zeitraum, in dem es kaum Erfolgserlebnisse gab. Sinnvoller wäre es hier gewesen Teilziele zu errichten, die am besten wöchentlich besprochen und neu festgelegt werden. Durch das erreichen von kleinen Zielen wird das Belohnungssystem des Menschen angeregt und das Glückshormon Dopamin wird ausgeschüttet, was dazu führt, dass die Motivation nicht abreißt und man positiv auf die kommenden Ziele schaut. (Influence of Dopaminergically Mediated Reward on Somatosensory Decision Making, Burkhard Pleger, PLoS Biology,2009)

Stufe 7: Nicht nachlassen, stets weiter lernen und nicht zu früh den Sieg ausrufen

Bodo Müller muss bei den Mitarbeitern des Projektes am Ball bleiben und nach jedem erreichten Ziel zusätzliche Motivation für das nächste Ziel mit einbringen. Sinnvoll wäre das in moderater Regelmäßigkeit um nicht unnötigen Druck aufzubauen. Die sinnvoll gesetzten Ziele sollten das Projekt tatsächlich weiterbringen und nicht nur der Zielerreichung wegen erreicht werden. Damit stärkt man die Glaubwürdigkeit der gesetzten Meilensteine und nimmt diese ernst.

"Das Spiel ist erst zu Ende wenn der Schiedsrichter pfeift" ist eine bekannte Flocke in der Sportwelt, die sich hier sehr gut übertragen lässt. Der Sieg sollte erst dann ausgerufen werden, wenn die Umsetzung des Wandels vollzogen ist, bis zur letzten Minute kann sich immer noch alles drehen.

Stufe 8: Institutionalisierung des strategischen Wandels in der Unternehmenskultur

Um die neuen Verhaltensformen zu integrieren und die Werte innerhalb des Unternehmens zu verankern muss Bodo Müller das Thema an die komplette Belegschaft kommunizieren. Strukturen müssen geschaffen werden, die die Einhaltung der Änderungen zur Routine machen. Es muss sicher gestellt werden, dass alle Mitarbeiter die neue Unternehmenskultur verstanden haben und bereit sind, diese umzusetzen.

3. Stategieimplementierung

3.1. Durchsetzung

Hätte Bodo Müller den Wandel einleiten können hätten ihm folgende drei Maßnahmen geholfen, die neue Strategie zu implementieren.

1. Vermittlung der Strategie

Im ersten Schritt muss Bodo Müller dafür sorgen, dass die Strategie ordentlich kommuniziert wird, der Sinn hinter der Strategie verstanden und eventuelle Ängste und Sorgen durch effektive Aufklärung genommen werden. Wichtig dahingehend ist, dass Bodo Müller auf die Hilfe jedes einzelnen angewiesen ist, da er alleine nicht viel ausrichten kann. Regelmäßige Mitarbeitergespräche, aktive Unterstützung bei der Umsetzung sowie die Gewinnung des Vertrauens und Akzeptanz der Mitarbeiter sind wichtige Punkte die er bei der Strategievermittlung beachten sollte.

2. Einweisung und Schulung

Zur Umsetzung des Projektes gehört es natürlich auch, die Mitarbeiter in den neuen veränderten Bereichen einzuweisen bzw. Zu schulen. Dafür müssen klare Betriebsabläufe geschaffen werden. Abteilungsübergreifende Schulungs- sowie Weiterbildungsmaßnahmen müssen erstellt werden. Daher sollte Bodo Schäfer am besten aus jeder Abteilung eine Führungskraft ernennen, welche die Aufgabe hat, die Weiterbildungsmaßnahmen in einer gewissen Regelmäßigkeit durchzuführen und die neuen Abläufe in seiner Abteilung zu implementieren. Zusätzlich muss hinterfragt werden ob das bereits vorhandene Personal qualitative Kompetenzen zur Absolvierung dieser Maßnahmen hat, ob dahingehend weitere Schulungen oder Maßnahmen von Nöten sind oder ob sogar neues Personal eingestellt werden muss.

3. Schaffung eines strategiebezogenen Konsens

Um die neuen Maßnahmen ideal implementieren zu können muss von Tag eins deutlich gemacht werden, welche Hierarchien in der betroffenen Abteilung herrschen. In Bodo Müllers Fall bietet sich das Kulturmodell (Welge et al.,2017,S.830) als Implemetierungsstil an. In diesem Model wird von den Führungskräften eine Strategie vorgegeben. Im nachfolgenden Implementierungsprozess nehmen ebendiese dann die Rolle eines Coaches ein, der die Entscheidungen der Mitarbeiter an die Vision des Unternehmens bzw. Des Projektes anlehnt und dem Prozess unterstützend beiwohnt. Somit haben die Mitarbeiter eine relativ freie Handhabung um auf das vorgegebene Ergebnis zu kommen und jeder Beteiligte fühlt sich wertgeschätzt, da seine Idee mit in den Prozess aufgenommen wird.

3.2. Umsetzung

Die Umsetzung soll im Bestfall reibungslos und ohne Komplikationen erfolgen. Um das ideal erreichen zu können werden nun drei konkrete Maßnahmen dargestellt, die Bodo Müller einleiten müssen, damit die Strategie implementiert wird.

1.Transformation

Nun ist es an der Zeit, die strategischen Entscheidungen in handfeste, konkrete Aktionen zu verwandeln. Dazu bedarf es der Festlegung von Verantwortlichkeiten für festgelegte Ziele gefolgt vom Ermitteln des IST-Zustandes bis hin zum SOLL-Zustand. Nun wird anhand von detaillierten Ziele, die die Attribute Inhalt, Ausmaß und Zeit beinhalten müssen der Weg hin bis zum SOLL-Zustand gepflastert. Bodo Müller erstellt anhand dieser Informationen einen Metaplan, in dem er Prioritäten und Fristen vorgibt. Das gibt ihm einen Überblick über das Gesamtprojekt und was genau, in welcher Zeit zu tun ist.

2. Anpassung

Ist alles endgültig geplant, müssen die Aktionen in das System eingefügt werden. D.h. es kommt zur Anpassung in der Organisationsstruktur, der Unternehmenskultur, der Managementsysteme und zur Veränderung der Menschen.

Im Bereich der Organisationsstruktur reicht es nicht, nur eine neuen Strategie vorzugeben. Vielmehr müssen neue Rollenbeschreibungen definiert werde. Zusätzliche Aufgabengebiete müssen erklärt, besprochen und nach Sinnhaftigkeit bewertet werden. Auch Fragen wie: „Wie flexibel sollte die Organisation sein?,Welche Aufgaben können durch externe Mitarbeiter erledigt werden?, Wie sollte die Entscheidungsfreiheit gestaltet werden?," (Venzin,2010,S.223) müssen strategisch angepasst werden. Alfred Chandler gibt mit seinem Leitsatz „structure follows strategy" aus den 1960er Jahren die Grundrichtung in diesem Bereich vor.

Wichtig ist es, die Unternehmenskultur nachhaltig an die gewählte Strategie anzupassen. Eine Unternehmenskultur zu verändern ist ein Projekt, welches oftmals sehr zeit und kostenintensiv ist. Viele der Wertemuster haben sich über Jahre eingelebt und es stößt oft auf Gegenwehr, Blockierung, und einer mangelnden Flexibilität versucht man diese zu ändern. Sinnvoll ist es dahingehend ähnlich wie beim Punkt „Transformation" einen IST- sowie SOLL-Zustand zu erörtern. Eine positive Realisation wird laut Lauerburg und Doppler (2008, S.482-485) durch Vorbildfunktion, gemeinsame Arbeit, passende Besetzung von Schlüsselpositionen, Belohnungen und Sanktionen unterstützt.

Die Managementsysteme müssen neu aufgebaut bzw. Angepasst werden. Dabei sollte Bodo Müller Managementsysteme wie Anreiz-und Motivationssysteme einführen, welche ständige motivierende Impulse in die Abteilungen steuern, denn gerade die Mitarbeiter in Schlüsselpositionen sollten dauerhaft motiviert werden. Motivationsanreize für die Mitarbeiter gliedern sich in materielle und immaterielle Anreize.
So spricht man von materiellen Anreizen von beispielsweise Firmenwagen, Gehaltserhöhung oder einer Dienstwohnung. Bei den immateriellen Anreizen werden Homeoffices, Titel oder Beförderungen meist von Führungskräften bevorzugt.

Ist all das angepasst worden, ist für Bodo Müller die Erfolgschance hoch eine Veränderung der Menschen und Mitarbeiter zu erreichen. Diese müssen gerade in der Veränderungszeit ständig motiviert werden um die neuen Anpassungen mit wohlwollen aufzunehmen. Gerade in Phasen, in denen die Mitarbeiter durchhängen und die Motivation nicht hoch ist gilt es umso mehr Anreize für eine dauerhafte Veränderung zu schaffen wie es in Teil 3 beschrieben wird.

3.Motivierung und Mobilisierung

Wie in der vorherigen Aufgabe beschrieben gilt es nun für Bodo Müller dafür zu Sorgen, dass die Mitarbeiter während des Implementierungsprozesses ihre Motivation behalten. Herr Müller sollte den emotionalen Wert des Vorhabens in ein Sinn stiftendes Ziel formulieren, so dass sich die Mitarbeiter als Teil dieses Projektes sehen. Wie in vorherigen Aufgaben beschrieben gilt es hier, für kleine Zwischenziele mit den Mitarbeitern auszuarbeiten, die Lust darauf machen mehr Ziele erreichen zu wollen. Nachhaltigkeit spielt bei Motivation ein gravierendes Thema. Bodo Müller muss nah an den Menschen sein und tägliche motivierende Impulse in die Abteilungen weitergeben um die Veränderungen nachhaltig in den Alltag zu implementieren.

4. Balance Scorecard

4.1. Ursache-Wirkungskette

In der folgenden Abbildung wird die Ursachen- Wirkungskette für die Gesundheits- und Medizintechnik AG aufgeführt.

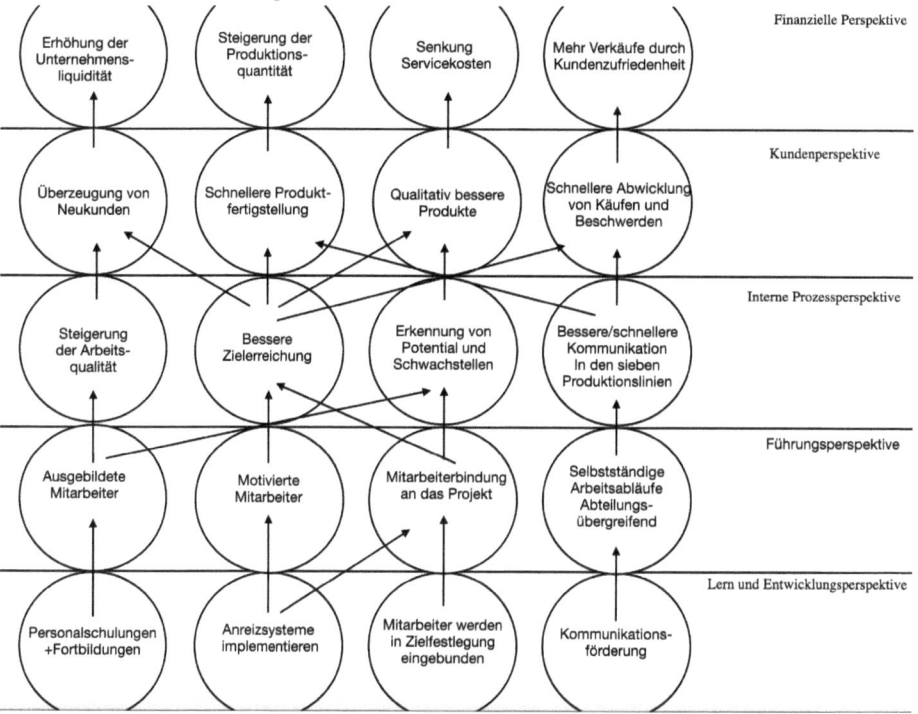

Abbildung 1: Balance Scorecard (eigene Darstellung)

4.2. Festlegung Ziele, Kennzahlen, Vorgaben und Maßnahmen

Die folgende Tabelle beschreibt das Konzept der in Abbildung 1 zu sehenden Balance Scorecard und bezieht sich auf ein Zeitraum von zwei Jahren.

	Ziel	Kennzahl	Vorgabe	Maßnahme
Finanzielle Perspektive	Kosteneffizienz	% Rentabilität	Steigerung um 8%	Umsatzsteigerung bei gleichzeitiger Kostensenkung
Kundenperspektive	Gewinnung von Neukunden	Kunden IST (heute) Kunden IST (in zwei Jahren)	25% Neukunden	Qualitätssteigerung der Produkte
Interne Prozessperspektive	Erkennung von Schwachstellen	% Fehlerquote	Fehlerquote um 10% senken	Bessere Ausbildung der Mitarbeiter
Führungsperspektive	Ausweitergebildete Mitarbeiter	Fort-Weiterbildungen pro Mitarbeiter	15 weitere Bildungsseminare pro Mitarbeiter	Angebot von Aus- und Fortbildungen erhöhen
Lern- und Entwicklungsperspektive	Mitarbeiterqualität verbessern	Qualifikationen pro Mitarbeiter	6 weiter Qualifikationen	Implementierung von internen Ausbildungsscheinen

Tabelle 1: Ziele, Kennzahlen,Vorgaben und Maßnahmen (eigene Darstellung)

5. Unternehmensethik

5.1. Praxisbeispiel

Das amerikanische Unternehmen „Meta"(ehemals Facebook"), gegründet 2004 von Harvard Studenten rund um Mark Zuckerberg erreichte im Jahr 2018 den Fokus der Öffentlichkeit durch bekanntwerden eines Datenskandals noch nie dagewesene Ausmaßes.

Insgesamt sollen Daten von circa 87 Millionen Nutzern <u>unzulässig</u> mit einer Drittfirma geteilt worden sein. Die Daten sollen dann, unerlaubt genutzt worden sein um den Wahlkampf des damaligen Präsidenten Donald Trump zu unterstützen. (Spiegel, Cambridge Analytical Scandal,2018)

Bereits einige Tage nach bekanntwerden des Skandals ist sich die Führungsriege ihrer Fehler bewusst, räumt diese ein, entschuldigt sich und verspricht Konsequenzen daraus zu ziehen. (Tagesschau 22.03.2018)

5.2. Unternehmenswerte

Das Unternehmen Meta stellt für den Unternehmenserfolg fünf geltende Werte da (Meta, Unternehmensinformationen):

1. Menschen eine Stimme geben

Menschen haben das Recht, gehört zu werden und sich zu äußern. Das bedeutet manchmal auch, dass wir uns für Menschen einsetzen, deren Meinung wir nicht teilen

2. Facebook ist für alle da

Wir möchten Technologie allen Menschen zur Verfügung stellen. Da unser Geschäftsmodell auf Anzeigen beruht, können wir unsere Dienste kostenlos anbieten.

3. Wirtschaftliche Chancen fördern

Unsere Tools schaffen gleiche Voraussetzungen, damit Unternehmen wachsen, Arbeitsplätze schaffen und die Wirtschaft stärken können.

4. Verbindungen und Communitys aufbauen

Unsere Dienste helfen Menschen, sich miteinander zu vernetzen und die Welt näher zusammenzubringen.

5. Menschen und ihre Privatsphäre schützen

Wir verstehen es als unsere Verantwortung, Menschen zusammenzubringen, zu fördern, sie zu schützen und Risiken abzuwenden, damit sie gemeinsam Großes schaffen können

5.3. Wertebruch

Meta ist eines der größten Unternehmen der Welt mit monatlich 2,8 Milliarden Nutzern weltweit. (Statista,L.Rabe,2021). Umso wichtiger ist es bei einer solch immensen Popularität und Reichweite seine Werte und Missionen konsequent einzuhalten.

In 2018 konnte dies in der Form nicht eingehalten werden und Meta (damals noch Facebook) hat gravierend gegen ihren angepriesenen fünften Wert verstoßen. Private Daten von Millionen Nutzern wurden einem Drittunternehmen bewusst oder unbewusst zur Verfügung gestellt um damit manipulativen Wahlkampf betreiben zu können. Der Schaden, der direkt oder indirekt dadurch entstanden ist kann nicht beziffert werden. Der Schaden für das Image des Unternehmens ist jedoch nahhaltig geschädigt.

5.4. Konsequenzen

Nachfolgend werden mögliche bzw. tatsächliche Konsequenzen für zwei Interne sowie zwei externe Stakeholder veranschaulicht.

Konsequenzen interne Stakeholder:

Mitarbeiter

Die Mitarbeiter des Unternehmens können sich, nach bekannt werden des Skandals, bestärkt fühlen, die Missständen in der Firma an die Öffentlichkeit zu tragen. So ist es 2021 passiert, dass eine Mitarbeiterin von Meta Enthüllungen zum damaligen Skandal machte und Meta somit in eine tiefe Krise stürzte.(Stern, 04.10.2021) Die Mitarbeiter in der Firma könnten sich zusätzliche Gedanken um die Sicherheit ihrer privaten Daten machen und das Vertrauen in ihr Unternehmen verlieren.

Eigentümer

Mehrere Klagen, ein absoluter Vertrauensverlust der Nutzer sowie weltweite negative Schlagzeilen nehmen auch heute (2021) den Eigentümer Mark Zuckerberg immer noch ins Visier (RND, 21.10.2021) Eine Milliardenstrafe für das Unternehmen war 2019 die Folge des Datenlecks (Tagesschau, 24.07.2019)

Konsequenzen externe Stakeholder:

Kunden/Nutzer

Der Skandal kann für die Nutzer des Netzwerks unglaublich vertrauensunwürdig gewesen sein. Möglicherweise haben sich einige Nutzer entschieden weniger bis gar keine privaten Dinge mehr im gesamten Internet preiszugeben aus Angst, dass die Daten weitergegeben werden könnten. Auch Kunden, die mit Meta Geld verdienen und beispielsweise Online Shops oder andere Kanäle zur Steigerung des Umsatzes ihres Unternehmens nutzen könnten sich auch stark im Vertrauen zu der Plattform eingeschränkt fühlen und etwaige Zahlungen gestoppt haben.

Gesellschaft

In der gesamten Gesellschaft ging zu dieser Zeit ein Ruck durch jede Schicht. Durch die vielen negativen Schlagzeilen könnten auch andere Netzwerke vom Misstrauen betroffen sein und somit nicht mehr genutzt werden. Die allgemeine Gesellschaft könnte sich durch einen solchen Skandal nun bewusster und vorsichtiger auf anderen angebotenen Plattformen bewegen.

6.Literaturverzeichnis

Wie sich Emotionen im Verkaufsgespräch auswirken, Ilona Pezenka, 2020, S.22
Zuletzt aufrufbar am 26.11.2021 unter: https://www.researchgate.net/publication/339048356_Wie_sich_Emotionen_im_Verkaufsgesprach_auswirken

Influence of Dopaminergically Mediated Reward on Somatosensory Decision Making, Burkhard Pleger, PLoS Biology,2009
Zuletzt aufrufbar am 26.11.2021 unter: https://journals.plos.org/plosbiology/article?id=10.1371/journal.pbio.1000164

Meta Werte und Missionen, 2021
Zuletzt aufrufbar am 26.11.2021 unter: **https://about.facebook.com/de/company-info/**

Facebook Skandal, Spiegel, 2018
Zuletzt aufrufbar am 26.11.2021 unter: **https://www.spiegel.de/netzwelt/web/facebook-skandal-daten-von-87-millionen-nutzern-betroffen-a-1201288.html**

Zuckerberg Datenaffäre, Tagesthemen, 2018
Zuletzt aufrufbar am 26.11.2021 unter: **https://www.tagesschau.de/wirtschaft/zuckerberg-datenaffaere-101.html**

Aus Facebook wird Meta: Zahlen und Daten zum kalifornischen Internetgiganten, Statista, 2021
Zuletzt aufrufbar am 26.11.2021 unter: **https://de.statista.com/themen/138/facebook/#dossierKeyfigures**

Ex-Mitarbeiterin stürzt Facebook mit Enthüllungen in tiefe Krise, Stern, 2021

*Zuletzt aufrufbar am 26.11.2021 unter:*https://www.stern.de/digital/ex-mitar-beiterin-stuerzt-facebook-mit-enthuellungen-in-tiefe-krise-30798842.html

Mark Zuckerberg im Visier der US-Staatsanwaltschaft, RND, 2021
*Zuletzt aufrufbar am 26.11.2021 unter:*https://www.rnd.de/politik/cambridge-analytica-mark-zuckerberg-im-visier-der-us-staatsanwaltschaft-6L-D4T6QGKGHDJKH2E4R7JAUU5U.html

Milliardenstrafe für Facebook, Tagesthemen, 2019
*Zuletzt aufrufbar am 26.11.2021 unter:*https://www.tagesschau.de/wirtschaft/facebook-strafzahlungen-105.html

7.Abbildungs- und Tabellenverzeichnis

7.1.Abbildungsverzeichnis

7.2.Tabellenverzeichnis